# LE BOURGEOIS GENTIL-HOMME,

## Comedie-Ballet.

Donné par le Roy à toute sa Cour dans le Chasteau de Marly, au mois de Decembre 1687.

A PARIS,

Par CHRISTOPHE BALLARD, seul Imprimeur du Roy pour la Musique, ruë Jean de Beauvais, au Mont-Parnasse.

M. DC. LXXXVII.

*AVEC PRIVILEGE DE SA MAJETE'.*

# LE BOURGEOIS
## GENTIL-HOMME,

### *Comedie-Ballet.*

Donné par LE ROY à toute fa Cour
dans le Chafteau de Marly.

---

## L'OUVERTURE
Se fait par un grand affemblage
d'Inftrumens.

### DANS LE PREMIER ACTE.

VN Eléve du Maiftre de Mufique compofe
fur une table un Air que le Bourgeois a
demandée pour une Serenade.

L'Eléve de Mufique, *Monfieur Arnou.*

Une Muſicienne eſt priée de chanter l'Air qu'à compoſé l'Eléve.

La Muſicienne, *Mademoiſelle de la Lande.*

Laquelle chante les parolles qui ſuivent.

JE languis nuit & jour, & mon mal eſt extréme
Depuis qu'à vos rigueurs vos beaux yeux m'ont
     ſoumis,
Si vous traitez ainſi, belle Iris, qui vous ayme,
Helas ! que pourriez-vous faire à vos ennemis ?

Aprés avoir fait chanter cét Air au Bourgeois, on luy fait entendre dans un Dialogue un petit eſſay des diverſes paſſions que peut exprimer la Muſique. Il entre pour cela un Muſicien.

Le Muſicien, *Monſieur Arnou.*

# DIALOGUE EN MUSIQUE

Mademoiſelle de la Lande.

UN cœur dans l'amoureux empire
De mille ſoins eſt toûjours agité
On dit qu'avec plaiſir on languit, on ſoûpire ;
Mais quoy qu'on puiſſe dire
Il n'eſt rien de ſi doux que noſtre liberté.

Mr Jonquet.

*Il n'est rien de si doux que les tendres ardeurs*
*Qui font vivre deux cœurs*
*Dans une mesme envie,*
*On ne peut estre heureux sans amoureux desirs,*
*Ostez l'amour de la vie,*
*Vous en ostez tous les plaisirs.*

Mr Arnou.

*Il seroit doux d'entrer sous l'amoureuse loy.*
*Si l'on trouvoit en amour de la foy;*
*Mais, ô rigueur cruelle!*
*On ne voit point de Bergere fidelle;*
*Et ce sexe inconstant trop indigne du jour*
*Doit faire pour jamais renoncer à l'amour.*

Mr Jonquet.

*Aymable ardeur!*

Mad<sup>elle</sup> de la Lande.

*Franchise heureuse!*

Mr Arnou.

*Sexe trompeur!*

Mr Jonquet.

*Que tu m'es precieuse!*

M<sup>elle</sup> de la Lande.

*Que tu plais à mon cœur!*

Mr Arnou

*Que tu me fais d'horreur!*

Mr Jonquet.

*Ah ! quitte pour aymer cette haine mortelle.*

Mad<sup>elle</sup> de la Lande.

*On peut, on peut te montrer*
*Une Bergere fidelle.*

Mr Arnou.

*Helas ! où la rencontrer ?*

Mad<sup>elle</sup> de la Lande.

*Pour deffendre noftre gloire*
*Je te veux donner mon cœur.*

Mr Arnou.

*Mais, Bergere, puis-je croire*
*Qu'il ne fera point trompeur ?*

Mad<sup>elle</sup> de la Lande.

*Voyons par experience*
*Qui des deux aymera mieux.*

Mr Arnou.

*Qui manquera de conftance,*
*Le puiffent perdre les Dieux.*

Mr Jonquet.

*A des ardeurs fi belles*
*Laiffons-nous enflammer.*

Tous trois.

*Ah ! qu'il eft doux d'aymer*
*Quand deux cœurs font fidelles.*

En suite de ce Dialogue le Maiſtre à dancer luy fait voir auſſi un petit-eſſay des plus beaux mouvemens, & des plus belles attitudes dont une dance puiſſe eſtre variée.

*Quatre Danceurs.*

Meſſieurs Favier l'aiſné, Faüre, Bouteville & Dumiraille.

Un Maiſtre Tailleur luy vient apporter un ha-bit, qu'il luy fait veſtir en cadence par quatre garçons Tailleurs.

*Les quatre garçons Tailleurs.*

Meſſieurs Favier cadet, Joubert, Magny & Barazé.

Le Bourgeois eſtant habillé leur donne dequoy boire, & les garçons Tailleurs s'en réjoüiſſent par une dance.

# DANS LE SECOND ACTE.

UNE femme de qualité vient difner chez le Bourgeois, qui pour la mieux regaler luy fait oüir à table quelques Chanfons à boire, qui font chantées par trois Muficiens qu'il a fait venir.

*Les trois Muficiens.*

Meffieurs Morel, Miracle, & du Four.

## PREMIERE CHANSON A BOIRE.

Meffieurs Morel & du Four.

*UN petit doigt, Philis, pour commencer le tour,*
*Ah! qu'un verre en vos mains font d'agreables*
  *armes!*
*Vous & le vin vous vous preffez des charmes,*
*Et je fens pour tous deux augmenter mon amour.*
*Entre luy, vous & moy, jurons, jurons, ma belle,*
  *Une ardeur éternelle.*

*Qu'en moüillant voftre bouche il en reçoit*
  *d'attraits!*
*Et que l'on voit par luy voftre bouche embellie!*
 *Ah! l'un de l'autre ils me donnent envie,*
*Et de vous & de luy je m'enyvre à long traits.*
Entre

*Entre luy, vous & moy, jurons, jurons, ma belle,*
*Une ardeur éternelle.*

## SECONDE CHANSON A BOIRE.

Meſſieurs Morel & Miracle.

*Buvons, chers amis, buvons,*
*Le temps qui fuit nous y convie;*
*Profitons de la vie*
*Autant que nous pouvons :*
*Quand on a paſſé l'onde noire,*
*Adieu le bon vin, nos amours,*
*Dépéchons-nous de boire ,*
*On ne boit pas toûjours.*

*Laiſſons raiſonner les ſots*
*Sur le vray bon-heur de la vie,*
*Noſtre Philoſophie*
*Le met parmy les pots :*
*Les biens, le ſçavoir, & la gloire*
*N'oſte point les ſoucis fâcheux,*
*Et ce n'eſt qu'à bien boire*
*Que l'on peut eſtre heureux.*

TOUS TROIS ENSEMBLE.

*Sus, ſus du Vin par tout, verſez, garçons verſez,*
*Verſez, verſez toûjours, tant qu'on vous diſe,*
*aſſez.*

# DANS LE TROISIESME ACTE

LE Bourgeois qui veut donner sa fille au fils du Grand Turc, est annobly auparavant par une ceremonie Turque, qui se fait en dance, & en Musique.

## Les Acteurs de la Ceremonie sont,

*Vn Mufti*, representé par Monsieur Philbert.

*Dix Turcs Musiciens assistans à la Ceremonie.*

Messieurs Frizon, Puvigny, Godonesche, Guillegaut, Miracle, le Roy, Moreau, Jonquet, Anthoine, & Lombard.

*Deux Dervis.*

Messieurs Morel, & Gingant,

*Quatre Turcs dançuns.*

Messieurs Bouteville, Favier cadet, Germain & Lestang.

LE MUFTI invoque Mahomet avec les dix Turcs, & les deux Dervis; aprés on luy amene le Bourgeois auquel il chante ces paroles.

Les Turcs repetent tout ce qu'a dit le Mufti pour donner le Turban au Bourgeois. Le Mufti & les Dervis se coëffent avec des Turbans de ceremonies, & l'on presente au Mufti l'Alcoran, qui fait une seconde invocation avec tout le reste des Turcs assistans : aprés son invocation il donne au Bourgeois l'espée & chante ces paroles.

#### Le Mufti.

*Tistar nobile é non star fabbola*
*Pigliar schiabbola.*

Les Turcs *repetent les mesmes vers.*

Le Mufti commande aux Turcs de bastonner le Bourgeois, & chante les paroles qui suivent.

#### Le Mufti.

*Dara dara*
*Bastonnara, bastonnara.*

Les Turcs *repetent les mesmes Vers.*

Le Mufti aprés l'avoir fait bastonner luy dit en chantant.

#### Le Mufti.

*Non tener honta*
*Questa star ultima affronta.*

Les Turcs *repetent les mesmes vers.*

Le Mufti recommence une invocation, & se re-
tire aprés la ceremonie avec tous les Turcs, en
dançant & chantant avec plusieurs Jnstrumens à
la Turquesque.

Toute la ceremonie est meslée en plusieurs en-
droits, tant du Mufti que des six Turcs dançans.

Le Bourgeois estant annobly donne sa fille en
mariage au Fils du Grand Turc, & toute la Comedie finit par un petit Ballet qui avoit esté pre-
paré.

# BALLET
## *DES NATIONS.*

### PREMIERE ENTRE'E.

VN homme vient donner les Livres du Ballet, qui d'abord eſt fatigué par une multitude de gens de Provinces differentes qui crient en Muſique pour en avoir, & par trois importuns qu'il trouve toûjours ſous ſes pas.

*Le Donneur de Livres*, Monſieur de Beauchamps.

## Spectateurs Muſiciens.

*Deux hommes du bel air*, Meſſieurs Anthoine & Colin.

*Deux femmes du bel air*, Meſſieurs Antonio & Fanalli.

*Deux Vieillards*, Meſſieurs Miracle & Clediere.

*Deux Gaſcons*, Meſſieurs Gingan & Arnou.

*Deux Suiſſes*, Meſſieurs Philbert & Lombard.

*Deux Hongrois*, Meſſieurs Frizon & Godoneſche.

*Deux Flamans*, Meſſieurs Jonquet & Guillegaut.

*Deux Pantalons*, Meſſieurs Fernon & Philipe.

*Deux Italiens*, Meſſieurs Joſeph & le Roy.

# DIALOGUES DES GENS
## qui en Musique demandent
## des Livres.

### Tous.

A Moy, Monsieur, à moy de grace, à moy ;
    Monsieur,
Un Livre, s'il vous plaist, à vostre serviteur.

### Homme du bel air.

Monsieur, distinguez-nous parmy les gens qui
    crient,
Quelques Livres icy les Dames vous en prient.

### Autre Homme du bel air.

Hola Monsieur, Monsieur, ayez la charité
    D'en jetter de nostre costé.

### Femme du bel air.

Mon Dieu qu'aux personnes bien faites
    On sçait peu rendre honneur ceans.

### Autre femme du bel air.

Ils n'ont des Livres & des Bancs
    Que pour Mesdames les Grisettes.

### Gascon.

Abo, l'homme aux Libres, qu'on m'en vaille ;
    J'ay deja le poumon usé,
    Bous boyez que chacun mé raille,

Et

*Et jé suis escandalisé*
*De boir és mains de la canaille*
*Cé qui m'est par bous refusé.*

## Autre Gascon.

*Eh cadedis, Monseu, boyez qui l'on pût estre,*
*Vn Libret, je vous prie, au Uaron d'Asbarat,*
*Ié pense, mordy, que lé fat*
*N'a pas l'honnur de me connaistre.*

## Le Suisse.

*Mon'-sieur le donneur de papieir,*
*Que veul dir sty façon de fifre?*
*Moy l'écorchair tout mon gozieir*
*A crier,*
*Sans que je pouvre afoir ein l'infre;*
*Pardy, mon foy, Mon'-sieur, je pense vous l'estre*
*ifre*

## Vieux Bourgeois babillard.

*De tout cecy franc & net*
*Ie suis mal satisfait,*
*Et cela sans doute est laid*
*Que nostre fille,*
*Si bien faite & si gentille,*
*De tant d'amoureux l'objet*
*N'ait pas à son souhait*
*Vn Livre de Ballet*
*Pour lire le sujet*

C

*Du Divertiſſement qu'on fait,*
*Et que toute noſtre famille*
*Si proprement s'abille*
*Pour eſtre placée au ſommet*
*De la Salle, où l'onmet*
*Les gens de l'entriguet :*
*De tout cecy franc & net*
*Je ſuis mal ſatisfait,*
*Et cela ſans doute eſt laid.*

Vieille Bourgeoiſe babillarde.

*Il eſt vray que c'eſt une honte,*
*Le ſang au viſage me monte,*
*Et ce jetteur de Vers qui manque au capital*
*L'entend fort mal,*
*C'eſt un brutal,*
*Vn vray cheval,*
*Franc animal,*
*De faire ſi peu de conte*
*D'une Fille qui fait l'ornement principal*
*Du quartier du Palais Royal ;*
*Et que ces jours paſſez un Comte*
*Fut prendre la premiere au Bal :*
*Il l'entend mal,*
*C'eſt un brutal,*
*Vn vray cheval,*
*Franc animal,*

Hommes, & Femmes de bel air.

*Ah quel bruit !*

    *Quel fracas !*

        *Quel cahos !*

            *Quel mélange !*

*Quelle confusion !*

    *Quelle cohuë étrange !*

*Quel desordre !*

    *Quel embarras !*

*On y seiche ,*

    *L'on n'y tient pas.*

Gascon.

*Bentre jé suis à vout.*

    Autre Gascon.

    *J'enrage , Dieu me damne.*

    Suisse.

*Ah que l'y faire saif dans sty sal de cians.*

    Gascon.

*Jé murs.*

    Autre Gascon.

    *Ié pers la tramontane.*

Suisse.

*Mon foy moy le foudrois estre hors de dedans.*

    Vieux Bourgeois babillard.

*Allons ma mie ,*
*Suivez mes pas ,*

*Je vous en prie,*
*Et ne me quittez pas,*
*On fait de nous trop peu de cas,*
*Et je suis las*
*De ce tracas,*
*Tout ce fatras*
*Cet embarras,*
*Me pese par trop sur les bras ;*
*S'il me prend jamais envie*
*De retourner de ma vie*
*A Ballet ny Comedie,*
*Je veux bien qu'on m'estropie :*
*Allons ma mie,*
*Suivez mes pas,*
*Je vous en prie,*
*Et ne me quittez pas,*
*On fait de nous trop peu de cas.*

Vieille Bourgeoise babillarde.

*Allons mon mignon, mon fils,*
*Regagnons nostre logis,*
*Et sortons de ce taudis*
*Où l'on ne peut estre assis ;*
*Ils seront bien ebobis*
*Quand ils nous verront partis :*
*Trop de confusion regne dans cette Salle*
*Et j'aymerois mieux estre au milieu de la Halle :*

*Si jamais je reviens à semblable regale,*
*Je veux bien recevoir des soufflets plus de six :*
*Allons mon mignon, mon fils,*
*Regagnons nostre logis,*
*Et sortons de ce taudis*
*Où l'on ne peut estre assis.*

## Tous.

*A moy, Monsieur, à moy de grace, à moy, Mon-*
*sieur,*
*Vn Livre, s'il vous plaist, à vostre serviteur.*

---

# SECONDE ENTRE'E.

*Les Trois Importuns.*

Messieurs Faüre, Dumirail, & Lestang.

---

# TROISIE'ME ENTRE'E.

*Espagnols chantans.*

Messieurs Morel, Gillet, & Jonquet.

*Se que me muero de amor*
*Y solicito el dolor.*

*A un muriendo de querer*
*De tambuen ayre adolezco*
*Que es mas de loque padezco*
*Loque quiero padecer*
*Y no pudiendo exceder*
*Amidesce el rigor.*

*Se que me muero de amor*
*Y solicito el dolor.*
*Lisonsicame la suerte*
*Con piedad tan advertida,*
*Que mé assegura lavida*
*En el riesgo de la muerté*
*Vivir de Lugolpe fuerte*
*Es de mi salud primor.*

*Se que , &c.*

*Trois Espagnols dançans.*

Monsieur le Comte de Brionne.

Messieurs Favier l'aisné, & Pecourt.

*Trois Espagnolles dançantes.*

Madame LA DUCHESSE.

Madame LA PRINCESSE DE CONTY.

Madame la Marquise de Seignelay.

*Deux Musiciens Espagnols.*

Monſieur Morel Eſpagnol chantant.

Ay que locura contanto rigor
    Quexarſe deamor
    Del nino bonito
    Que toto es dulçura
    Ay que locura,
    Ay que locura.

Monſieur Gillet Eſpagnol chantant.

    El dolor ſolicita,
    El que al dolor ſe da
    Y nadie deamor muere
    Sino quien no ſave amar.

Meſſieurs Morel, & Gillet, Eſpagnols.

    Dulce muerte es el amor
    Con correſpondencia ygual,
    Yſi eſta gozamos o,
    Porque la quieres turbar?

      Monſieur Morel, ſeul.

Alegreſe Enamorado
Y tome mi parecer
Que en eſto dequerer
Toto es allar el vado.

      Tous deux enſemble.

Vaya, vaya de fieſtas,
Vaya de vayle,
Alegria, alegria, alegria,
Queſto de dolor es fantaſia.

# QUATRIESME ENTRE'E.

## *ITALIENS.*

VNe Muſicienne Italienne fait le premier Re-
cit, dont voicy les paroles.

*La Muſicienne Italienne.*

Mademoiſelle de la Lande.

*DI rigori armata il ſeno*
*Contro amor mi ribellai,*
*Ma fui vinta in un baleno*
*In mirar duo vaghi rai,*
*Ahi che reſiſte puoco*
*Cor di gelo a ſtral di fuoco.*

*Ma ſi caro è' l mio tormento*
*Dolce e ſi la piaga mia,*
*Ch' il penare è' l mio contento,*
*E l' ſanarmi é tirannia.*
*Ahi che più giova , é piace*
*Quanto amor é più vivace.*

Aprés l'Air que la Muſicienne a chanté,
deux Scaramouches, deux Trivelins, & un Ar-
lequin, repreſentent une nuit à la maniere des
Comediens Italiens en cadance.

Les

*Les deux Scaramouches.*
Meſſieurs Germain & Dumirail.

*Les deux Trivelins.*
Meſſieurs Faüre, & Bouteville.

*Vn Harlequin.*
Monſieur Pecourt.

Un Muſicien Italien ſe joint à Mademoiſelle de la Lande, & chante avec elle les parolles qui ſuivent.

*Le Muſicien Italien.*
Monſieur de Puvigny.

*Bel tempo che vola*
*Rapiſcé il contento,*
*D'amor ne la ſcola*
*Si coglie il momento.*

Mademoiſelle de la Lande.

*Inſin che florida*
*Ride l'eta*
*Che pur tropp' horrida*
*Da noi ſen và.*

Tous deux.

*Sù cantiamo,*
*Sù godiamo,*
*Nebei di, gioventù:*
*Perduto ben non ſic racquiſta più.*

D

Mr de Puvigny.

*Pupilla che vaga*
*Mill' alme incatena,*
*Fà dolce la piaga*
*Felice la pena.*

Mad<sup>elle</sup> de la Lande.

*Ma poiche frigida*
*Langue l'età,*
*Più l'alma rigida*
*Fiamme non hà.*

Tous les deux.

*Sù cantiamo, &c.*

Aprés le Dialogue Jtalien, les Scaramouches &
Trivelins dancent une réjoüiffance.

---

# CINQUIESME ENTRE'E.

## François.

Deux Muficiens Poitevins dancent, & chan-
tent les paroles qui fuivent.

*Deux Poitevins chantans.* Meffieurs le Roy & Colin.
*Trois Poitevins dançuns*
Monfieur le Comte de Brionne,
Meffieurs Magny & Leftang.
*Trois Poitevines dançantes.*
MADAME LA DUCHESSE,
MADAME LA PRINCESSE DE CONTY.
Madame la Marquife de Seignelay.

## MENUETS.

### PREMIER MENUET.

Chanté par Monsieur le Roy.

AH! qu'il fait beau dans ces boccages,
Ah! que le Ciel donne un beau jour.

Monsieur Collin.

Le Rossignol, sous ces tendres feüillages
Chante aux Echos leur doux retour :
Ce beau sejour,
Ces doux ramages,
Ce beau sejour
Nous invite à l'amour.

### SECOND MENUET.

TOUS DEUX ENSEMBLE.

VOy, ma Climeine,
Voy sous ce chesne
S'entre-baiser ces oyseaux amoureux ;
Ils n'ont rien dans leurs vœux
Qui les gesne,
De leurs doux feux
Leur ame est pleine ;
Qu'ils sont heureux !
Nous pouvons tous deux,
Si tu le veux,
Estre comme eux.

## SIXIE'ME ENTRE'E.

TOut cela finit par le mélange des trois Nations, & les aplaudiffemens en dance, & en Mufique de toute l'affiftance, qui chante les deux Vers qui fuivent.

*Quels Spectacles charmans ! quels plaifirs goûtons-nous !*
*Les Dieux mefmes, les Dieux n'en ont point de plus doux.*

## F I N.

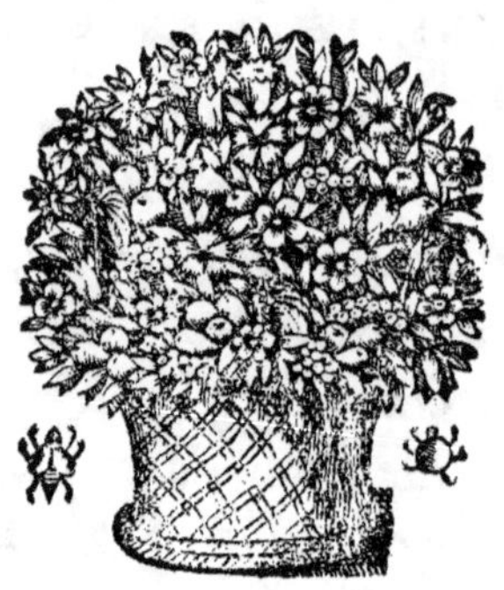